Severo Ochoa

por Gregory Garretson

Raintree

Chicago, Illinois

For information, address the publisher:
Raintree, 100 N. LaSalle, Suite 1200, Chicago, IL 60602

Printed and bound in the China by South China Printing Company.
07 06
10 9 8 7 6 5 4 3 2 1

Library of Congress Cataloging-in-Publication Data:
Cataloging-in-Publication data is on file at the Library of Congress.

Acknowledgments
The publisher would like to thank the following for permission to reproduce photographs:
p.4, Getty Image/Pictorial Parade; p.14 Corbis/Archivo Iconografico; pp.18, 43, 45 AP
Wide World Photo; pp.20, 28, 38, 48, 53 Corbis/Bettman; p.24 Corbis/E.O.Hoppe; pp.27,
30, 34, 37 Corbis/Hulton-Deutsch Collection; p.40 Photodisc; p.56 Getty Image/Express
Newspapers; p.59 The Nobel Foundation.

Cover photograph: AP World Wide Photo.

Algunas palabras aparecen en negrita, **así**. Encontrarás su
significado en el glosario.

Contenido

Introducción 5

Capítulo 1: Un muchacho de Luarca...9

Capítulo 2: Tras los pasos de Ramón y Cajal 15

Capítulo 3: Convertirse en un científico 21

Capítulo 4: La sombra de la guerra 31

Capítulo 5: Los estudios en Inglaterra y Estados Unidos............41

Capítulo 6: El Premio Nobel 49

Capítulo 7: Una celebración y una pérdida 57

Glosario 60

Cronología 62

Información adicional 63

Índice 64

Esta fotografía de Severo Ochoa se tomó en 1945.

Introducción

¿Alguna vez te preguntaste cómo funciona nuestro cuerpo? ¿O cómo es que comer un sándwich te da energía para jugar un partido de fútbol? ¿Por qué los miembros de una misma familia suelen ser parecidos? Severo Ochoa fue un científico muy importante a quien le interesaba encontrar respuestas a este tipo de preguntas. Ya de muy joven, Ochoa estaba seguro de que quería ser científico. Este muchachito que crecía en el norte de España no se imaginaba que, un día, sería uno de los científicos más importantes del mundo. Tampoco se imaginaba que, por sus descubrimientos, recibiría el Premio Nobel, ¡el mayor reconocimiento que un científico puede alcanzar!

El camino de Ochoa desde un pueblito de España hasta convertirse en un científico reconocido en todo el mundo no fue nada fácil. Tuvo que mudarse muchas veces: algunas veces, en busca de mejores oportunidades de trabajo; otras veces, para escapar de la guerra. Pero siempre tuvo dos cosas importantes que lo ayudaron a seguir adelante: su esposa Carmen, que lo apoyaba, y la **determinación** para trabajar con esfuerzo y hacer descubrimientos importantes en las ciencias que adoraba.

Severo Ochoa nació en un pueblito de España en 1905. Cuando aún era muy joven, decidió que quería ser un científico. Estudió medicina en una universidad española y comenzó a aprender a ser **biólogo**. Un biólogo es una persona que estudia cómo funcionan las partes de las plantas y de los animales. Ochoa trabajó con algunos de los biólogos más importantes de su época.

Al igual que muchas personas de su tiempo, Ochoa debió dejar su hogar debido a la guerra. Primero, hubo una guerra en España, y luego, estalló la guerra en toda Europa. Ochoa escapaba de la guerra todo el tiempo, a la vez que intentaba continuar con su trabajo. Al final, escapó con su esposa a Estados Unidos, donde vivieron muchos años. Allí se convirtió en un gran científico. Ayudó a comenzar una nueva rama de las ciencias llamada **bioquímica**. La bioquímica es el estudio de la química de los seres vivos y, en particular, de las estructuras muy pequeñas del cuerpo llamadas células. Ochoa también fue jefe de un departamento universitario en la Ciudad de Nueva York.

Uno de los logros más importantes de Ochoa fue haber ganado el Premio Nobel de Medicina en 1959. En ese momento, se dio cuenta que era uno de los mejores científicos del mundo. Ochoa dedicó toda su vida a las ciencias, a su esposa Carmen y a la educación de jóvenes que quisieran ser científicos. Fue una gran inspiración para muchas personas, que vieron lo que se podía lograr con esfuerzo y un gran interés por las ciencias.

El Premio Nobel

A principios del siglo XX, el inventor sueco Alfred Nobel decidió usar su fortuna para el bien de la humanidad. Nobel había inventado la dinamita y quería garantizar que los inventores, científicos y artistas importantes recibieran el apoyo necesario para alcanzar sus objetivos. Se aseguró de que, después de su muerte, se entregaran premios a las personas que lograran hacer cosas importantes para mejorar el mundo.

Nobel creó premios en diversas categorías. Los grandes escritores recibirían el Premio Nobel de Literatura, las personas que hubieran hecho grandes esfuerzos por la paz mundial recibirían el Premio Nobel de la Paz y los científicos que hubieran hecho descubrimientos importantes recibirían el Premio Nobel de **Física**, de **Química** o de Medicina. Incluso algunos líderes mundiales, como el ex presidente de Estados Unidos Jimmy Carter, han recibido el Premio Nobel.

Más de un siglo después, estos premios siguen entregándose anualmente. Además del honor de ganar el Premio Nobel, los ganadores reciben una medalla de oro y una gran suma de dinero. Como Alfred Nobel era sueco, la ceremonia de entrega de los premios se realiza en Estocolmo, la capital de Suecia. El rey de Suecia es el encargado de entregar los premios en este evento tan impresionante.

Éste es un mapa de España. Severo Ochoa creció en Luarca, un pueblo ubicado en la región de Asturias, en España.

Capítulo 1:
Un muchacho de Luarca

En el norte de España, hay una región verde y montañosa llamada Asturias, que se extiende a lo largo de la costa del océano Atlántico. Donde las montañas se encuentran con el mar, hay un antiguo pueblo llamado Luarca. Allí hay un puerto del que zarpan barcos para cruzar el océano. En este pueblo, en una casa grande con un hermoso jardín, nació Severo Ochoa. Su padre, Severo Ochoa Pérez, era abogado y comerciante. Había vivido en Puerto Rico, y había comenzado un negocio de importaciones y exportaciones con el que ganaba mucho dinero. Él y su esposa, Carmen de Albornoz y Liminiana, tuvieron siete hijos. Al menor lo llamaron Severo en honor a su padre.

Severo Ochoa de Albornoz nació el 24 de septiembre de 1905. (En España, todos tienen dos apellidos: uno del padre y otro de la madre. Por eso, Severo tenía el primero de los dos apellidos de su padre, Ochoa, y el primero de los de su madre, de Albornoz). De pequeño, Severo tenía muchos problemas de salud, por lo que su madre, su abuela y sus hermanas mayores lo cuidaban mucho. Le encantaba quedarse a solas leyendo, pero, en una casa con una familia tan numerosa, no era fácil encontrar privacidad.

Por eso, Ochoa solía ir al jardín o a una casilla en la que guardaban las herramientas del jardín para sentarse a leer cuentos de aventuras. Pronto comenzó a sentir tanto interés por las plantas y los animales del jardín como por sus libros. Hacía largas caminatas por el campo cerca de su casa y exploraba la playa, cuando había marea baja, para estudiar los muchos tipos de plantas y animales que vivían allí. A Ochoa le fascinaba el mundo natural, así que comenzó a interesarse en aprender cómo funcionaba. No se imaginaba que este interés lo llevaría a convertirse un día en un gran científico.

La pérdida de su padre

Ochoa disfrutaba de la vida en esa casa grande, leyendo y explorando. Pero, de pronto, cuando tenía siete años, su padre murió. La familia no sabía qué hacer. Afortunadamente, continuaron recibiendo dinero de la empresa de su padre, pero la madre de Ochoa, Carmen, no estaba bien de salud y su médico sugirió que viviera en un lugar más cálido hasta que se mejorara.

El hermano mayor de Ochoa, Antonio, se fue a trabajar a Puerto Rico, y su otro hermano, Luis, se fue a estudiar derecho a Oviedo, la capital de Asturias. El resto de la familia decidió mudarse a Málaga, en el sur de España, por lo menos hasta que la salud de Carmen mejorara. Por lo tanto, Ochoa, su madre y sus hermanas, Dolores, Manola y Concha, empacaron sus cosas y se prepararon para el largo viaje al sur.

Málaga es una ciudad que se encuentra en la costa del mar Mediterráneo, en una región llamada Andalucía. El tiempo era muy distinto del que conocía Ochoa. Mientras que en Asturias era frío y húmedo, el tiempo en Andalucía era cálido y seco. Ochoa jamás había tenido tanto calor como el que experimentó bajo el fuerte sol sureño.

Pero pronto se acostumbró a su nuevo entorno. Comenzó a ir a la escuela en Málaga y se hizo de nuevos amigos. Sus compañeros de clase lo querían porque era simpático, conversador y nunca hablaba mal de nadie. Con sus amigos, Ochoa exploraba los barrios de la ciudad e iba al puerto a visitar los barcos que venían de lugares lejanos.

La educación en Málaga

A temprana edad, Ochoa se interesó por la fotografía. Su hermano Antonio le regaló una cámara para que tomara fotos. En esa época, las cámaras de fotos no eran algo común. Antonio le enseñó a Ochoa a armar su propio cuarto oscuro para que revelara las películas e imprimiera las fotografías. Los amigos de Ochoa estaban muy impresionados con este cuarto lleno de sustancias químicas, luces y recipientes. Trabajar en el cuarto oscuro pudo haber despertado el interés de Ochoa por hacer experimentos en un laboratorio, que fue la manera en la que pasaría muchos años de su vida adulta. Un laboratorio es el lugar en el que trabajan los científicos. Contiene toda clase de instrumentos especializados que los científicos usan para hacer experimentos.

Al comenzar la preparatoria en Málaga, Ochoa empezó a interesarse seriamente por las ciencias. Las ciencias estudian cómo funcionan las cosas en el mundo. Hay muchos tipos de ciencias. Por ejemplo, la química es el estudio de las sustancias químicas, que forman todas las cosas: desde el agua hasta las plantas y los seres humanos. La **biología** es el estudio de los seres vivos, como las plantas y los animales, y de sus respectivas partes. Los científicos son personas que estudian las cosas del mundo para descubrir cómo funcionan.

Ochoa tenía un maestro de química excelente que lo inspiró a hacer experimentos por su cuenta. ¡A veces, tuvo problemas con su familia por mezclar ácidos en su casa y producir toda clase de gases malolientes!

Ochoa era un estudiante muy talentoso y aplicado. No estudiaba por obligación, sino porque le gustaba. Todo le causaba una gran curiosidad. Su asignatura favorita era la biología. Quería aprender cómo funcionan las diversas partes del cuerpo.

Convertirse en un científico

Cuando terminó la preparatoria, Ochoa decidió continuar sus estudios en la universidad. Una universidad es una escuela para seguir estudios avanzados después de la preparatoria. La familia de Ochoa quería que él estudiara ingeniería para que aprendiera a construir cosas. Pero Ochoa decidió estudiar medicina porque quería ser médico.

Pero no quería ser un médico común y corriente: quería ser científico. Hay dos tipos de doctores en medicina: los **médicos**, que tratan a los pacientes, y los **investigadores médicos**, que hacen experimentos en laboratorios. Ochoa quería realizar investigaciones en un laboratorio y hacer descubrimientos en el campo de la biología. Pero en España, en esa época, la única manera de estudiar biología era a través de la carrera de medicina. Así que Ochoa decidió ingresar en la facultad de medicina. Tenía sólo diecisiete años, pero ya sabía lo que quería hacer. Estaba decidido a convertirse en un gran científico.

Santiago Ramón y Cajal fue un importante científico y profesor de la Universidad de Madrid.

Capítulo 2:
Tras los pasos de Ramón y Cajal

Al saber que estudiar medicina era el paso necesario para convertirse en un científico, Severo Ochoa se preparó para ingresar en la facultad de medicina. Ya sabía dónde quería estudiar: en la Universidad de Madrid, donde el gran científico Santiago Ramón y Cajal era profesor. Un profesor es un maestro de nivel universitario. Ramón y Cajal había ganado el Premio Nobel de Medicina. Era uno de los héroes más importantes para Ochoa, que no quería otra cosa más que estudiar con este científico brillante. Así que se fue de Málaga a Madrid, que es la capital y la ciudad más grande de España, ubicada en el centro del país.

Una de las mayores decepciones para Ochoa fue cuando llegó a Madrid y se enteró de que Ramón y Cajal acababa de retirarse y ya no se dedicaría a la docencia. ¡Nunca podría estudiar con su héroe! Pero decidió seguir adelante con el plan de estudiar en la Universidad de Madrid. Pronto descubrió que allí había otros buenos profesores de los que podía aprender. Incluso muchos de ellos habían sido estudiantes de Ramón y Cajal. Ochoa sabía que, para convertirse en un gran científico, tenía que aprender de grandes científicos. Por eso, prestaba mucha atención en las clases que dictaban sus profesores y leía todos los libros de biólogos famosos que podía encontrar.

Santiago Ramón y Cajal

El Dr. Santiago Ramón y Cajal es uno de los científicos españoles más importantes de la historia y una de las figuras más destacadas en el estudio de la anatomía. La anatomía es el estudio de las diferentes partes del cuerpo. Ramón y Cajal estudió los tejidos, o materiales, con los que está hecho el cuerpo. Descubrió que la neurona, o célula nerviosa, es la unidad fundamental del sistema nervioso. El sistema nervioso incluye el cerebro y todas las células que nos ayudan a sentir con el tacto, a ver, a saborear, a oler y a oír.

Ramón y Cajal nació en 1852 y trabajó en muchas universidades de España: en Zaragoza, Valencia, Barcelona y Madrid. En 1906, recibió el Premio Nobel por sus descubrimientos sobre la neurona. En 1920, en Madrid, se fundó una institución educativa que lleva su nombre: el Instituto Cajal. El mismo Ramón y Cajal trabajó allí hasta su muerte, en 1934. Ramón y Cajal inspiró a generaciones de estudiantes españoles para que fueran científicos y continuaran investigando en el campo de la anatomía.

La biología experimental

Ochoa sabía que, en España, no eran muchos los científicos que se dedicaban a la **biología experimental**. En la biología experimental se estudia cómo funciona el organismo mediante experimentos de laboratorio. En otros países, había muchos grandes científicos de los que Ochoa quería aprender. Pero, en general, sus libros no estaban traducidos al castellano, así que Ochoa trataba de leerlos en francés o en inglés, lo cual le resultaba muy difícil.

Ochoa era muy buen estudiante. Pasaba la mayor parte del tiempo estudiando y haciendo experimentos. Mientras sus amigos iban a bailar o a ver una película, él solía quedarse solo en el laboratorio. Compartía un apartamento con su hermano Luis y también quería hacer experimentos allí. Pero su hermano no se lo permitía, así que, con un amigo, Ochoa alquiló una habitación en otro barrio y allí llevaron los materiales para hacer experimentos. Solían ir por las noches, después de las clases, para seguir trabajando.

Sin embargo, ¡los esperaba una gran sorpresa! Cuando los vecinos vieron que los jóvenes iban y venían con cosas raras, como sustancias químicas, portaobjetos de vidrio y tubos de ensayo, se pusieron nerviosos. Los denunciaron a la policía, que vino a registrar la habitación. Pero una vez que se comprobó que no estaban haciendo nada malo, los dejaron en paz.

Esta fotografía muestra a Ochoa en un laboratorio en el año 1959.

Una promesa a su madre

Para Ochoa, la repentina muerte de su madre fue un golpe terrible. Ocurrió durante las vacaciones de la universidad, cuando Ochoa estaba visitando a su familia en Luarca. Estaba leyendo en el jardín, como de costumbre, cuando sus hermanas se acercaron corriendo. Su madre acababa de sufrir un colapso. Ochoa subió al automóvil y fue a buscar al médico. Cuando llegó con el médico, su madre ya había muerto.

Ahora Ochoa y sus hermanos habían perdido a ambos padres. Enterraron a su madre en el cementerio de Luarca, frente al mar. Se dice que Ochoa, de pie sobre la tumba de su madre, dijo entre lágrimas: "Madre, ¡te prometo no dejar nunca de trabajar para que estés orgullosa de tu hijo!".

Ochoa trabajó toda su vida para ser un gran científico. Esta fotografía de 1959 lo muestra en el laboratorio de la Facultad de Medicina de la Universidad de Nueva York.

Capítulo 3:
Convertirse en un científico

Ochoa cumplió la promesa que le hizo a su madre. Regresó a Madrid decidido a convertirse en un gran científico y a hacer descubrimientos importantes. Se dedicó de lleno a su trabajo. Sus profesores pronto notaron que era un estudiante muy inteligente y aplicado.

Uno de sus maestros en particular, el Dr. Juan Negrín, tomó a Ochoa como ayudante y le enseñó muchísimo sobre las ciencias, especialmente sobre biología. El Dr. Negrín era un científico brillante y muy simpático. Más tarde, Ochoa diría que había aprendido más de él que de ninguna otra persona.

Ochoa era tan buen estudiante que pronto tuvo grupos de estudiantes más jóvenes a su cargo. Además, se ganaba la vida dando clases particulares. Sin embargo, mientras estaba estudiando, tuvo que hacer el servicio militar. En España, tanto en ese entonces como ahora, la mayoría de los jóvenes deben pasar un período corto haciendo el servicio militar, alrededor de los 20 años de edad, por si se desata una guerra y tienen que ir a luchar. Esto sigue siendo habitual en muchos países de Europa que no tienen ejércitos numerosos. A Ochoa no le molestó hacer el servicio militar porque hizo mucho ejercicio y eso mejoró su salud. Pero se alegró de no haber tenido que pelear en una guerra.

Un verano, Ochoa tuvo la oportunidad de viajar a otro país por primera vez. Se fue con tres amigos de la facultad de medicina a Francia. Ochoa había estudiado inglés y francés, pero no hablaba bien ninguno de los dos idiomas. Pensaba que era importante mejorar su manejo de ambas lenguas para poder leer artículos científicos escritos en esos idiomas. Con sus amigos, tomó un tren a París, donde estuvieron un mes estudiando francés.

Ochoa siguió trabajando mucho en el laboratorio. Estaba particularmente interesado en el funcionamiento de los músculos. Por ejemplo, quería saber qué procesos químicos los hacen contraerse y relajarse. Realizó muchos experimentos y leyó todo cuanto encontró sobre el tema. Le interesaba especialmente el trabajo que estaba haciendo un científico de Escocia, el Dr. Noel Paton, así que le escribió para preguntarle si podía ir a trabajar en su laboratorio el verano siguiente. El Dr. Paton le respondió que sería bienvenido en Escocia.

El viaje a Escocia

Así fue que, en el verano de 1927, Ochoa viajó al exterior por segunda vez. Hizo un largo viaje en tren hasta París y, de ahí, tomó otro tren hasta el Canal de la Mancha. Cruzó el canal en barco y llegó a Inglaterra. Era la primera vez que estaba en un país de habla inglesa, ¡y estaba sorprendido por lo mucho que le costaba entender a sus habitantes! No hablaba muy bien el inglés, pero se comunicaba con los demás por escrito. Viajó hacia el norte a través de Inglaterra hasta Escocia. En Glasgow, Escocia, conoció al Dr. Paton y comenzó a trabajar en su laboratorio.

La experiencia de Ochoa en Glasgow fue muy buena. Aprendió mucho en el laboratorio y también mejoró su inglés, que más tarde le sería muy útil. En el laboratorio del Dr. Paton, estudió las ranas. Aprendió tanto de estos experimentos que escribió su primer artículo para que fuera publicado. El Dr. Paton envió el artículo a un grupo de importantes científicos llamado la Sociedad Real de Londres, que lo aceptaron y lo publicaron. Es decir que el artículo apareció en una revista científica. Cuando los científicos hacen descubrimientos, escriben artículos sobre ellos, que se publican en revistas científicas.

Cuando Ochoa regresó a Madrid, estaba muy entusiasmado por la publicación de su artículo y también por haber aprendido tanto inglés. Se puso en contacto con el amigo con el que había compartido el laboratorio casero. Le sugirió que escribieran un artículo juntos y que trataran de publicarlo en una revista científica estadounidense. Escribieron sobre los métodos que habían desarrollado para estudiar los músculos y enviaron el artículo a la revista *Journal of Biological Chemistry*, de Estados Unidos, que era una revista científica muy conocida e importante.

Ochoa pasó el verano de 1927 trabajando en un laboratorio de la Universidad de Glasgow, en Escocia. Ésta es una fotografía de Glasgow en la década de 1920.

La revista aceptó el artículo y pronto lo publicó. Fue una gran alegría para ellos. ¡Habían logrado publicar un artículo en una revista científica importante de Estados Unidos! ¡Ochoa todavía no tenía idea de que, un día, sería un científico estadounidense y también una de las personas a cargo de esa misma revista científica!

Ochoa continuó trabajando en el laboratorio y empezó a escribir artículos para revistas científicas españolas. Poco tiempo después, un profesor de la universidad le preguntó si lo podría ayudar a escribir un libro de texto para estudiantes de medicina principiantes. El tema sería la bioquímica, que, en ese entonces, se consideraba una ciencia nueva. La bioquímica estudia los procesos químicos que se producen en el organismo de las plantas y de los animales. Ochoa se dio cuenta de que él era una de las personas más indicadas para escribir el libro y aceptó. El libro fue un gran éxito y la reputación de Ochoa creció entre los científicos.

Para entonces, Ochoa ya tenía mucho apuro por terminar sus estudios para poder dedicar todo su tiempo a las investigaciones. Tomó tantas clases como pudo y sacó buenas calificaciones en casi todos los cursos. Pronto rendiría los exámenes para convertirse en médico. Pero le pareció que su educación no estaba completa. Para hacer descubrimientos importantes, aún tenía mucho que aprender.

El viaje a Alemania

Ochoa había leído mucho sobre el trabajo de un científico alemán llamado Dr.

Otto Meyerhof. Meyerhof era un biólogo muy destacado que había ganado el Premio Nobel cuando era muy joven por sus importantes investigaciones sobre los músculos. A principios de 1929, Ochoa le pidió permiso al Dr. Meyerhof para ir a Berlín, en el noreste de Alemania, y trabajar en su laboratorio. El Dr. Meyerhof aceptó y Ochoa partió hacia Alemania.

Al llegar a Berlín, Ochoa quedó impresionado con el laboratorio del Dr. Meyerhof. El laboratorio contaba con instrumentos muy modernos y allí trabajaban muchos investigadores excelentes. El único problema era que Ochoa apenas hablaba alemán. Afortunadamente, el Dr. Meyerhof sabía un poco de inglés, así que podían comunicarse. De todos modos, Ochoa estudió alemán hasta que pudo hablar con el resto de los científicos en ese idioma. ¡Ahora ya sabía tres lenguas extranjeras!

Al otro lado del Atlántico

Después de trabajar unos meses en Berlín, Ochoa tuvo la oportunidad de asistir a una **conferencia** en Boston, Massachusetts, en Estados Unidos. Una conferencia es una gran reunión a la que asisten personas que estudian lo mismo para hacer presentaciones e intercambiar información con los otros. Ochoa estaba muy entusiasmado con la idea de visitar Estados Unidos por primera vez en su vida.

En la década de 1920, cruzar el Atlántico significaba pasar varios días en un barco. Cuando Ochoa abordó el barco, se sorprendió al enterarse de que viajaba con muchos científicos famosos que venían de distintos países. ¡Todos iban a la conferencia de Boston! Ochoa se sintió

Ochoa trabajó con Otto Meyerhof (centro) durante varios meses en su laboratorio de Berlín y, más tarde, en Heidelberg, Alemania.

inspirado al estar en compañía de personalidades tan importantes.

La conferencia fue todo un éxito. Luego, Ochoa pudo recorrer algunos lugares de Estados Unidos y Canadá, como la Ciudad de Nueva York, Albany, Toronto y Montreal. También visitó las Cataratas del Niágara, los gigantescos saltos de agua que se encuentran en el límite entre Estados Unidos y Canadá. Ochoa disfrutó mucho de su viaje a

Para viajar a Estados Unidos, Ochoa tuvo que cruzar el océano Atlántico en un barco de pasajeros parecido a éste.

América del Norte. No sabía que pronto estaría viviendo allí.

De vuelta en Europa

Después de un largo viaje en otro barco para regresar a Europa, Ochoa volvió a Madrid y se preparó para rendir sus exámenes. Si los aprobaba, ¡sería un médico! Estudió durante varias semanas, y luego, el 27 de septiembre de 1929, rindió los exámenes y los aprobó. Por fin, tenía el **título** de médico. ¡Y con sólo 24 años!

Pero Ochoa no quería ser un médico para atender a pacientes. En lugar de eso, estaba ansioso por continuar las investigaciones sobre los músculos que había comenzado con el Dr. Meyerhof. En diciembre de ese mismo año, volvió a Berlín, donde sintió más frío que nunca antes en su vida. Hacía tanto frío que, una noche, mientras caminaba con un amigo por la calle, ¡la nariz de su amigo empezó a congelarse de verdad!

Por suerte, el Dr. Meyerhof estaba mudando su laboratorio a Heidelberg, en el oeste de Alemania, donde el clima era más cálido. Ochoa se fue con él y continuó trabajando allí. Aprendió muchísimo del Dr. Meyerhof. Tiempo después, Ochoa diría que el Dr. Meyerhof había sido una de las influencias más importantes para él como científico. Ochoa comenzó a obtener resultados apasionantes de sus experimentos y publicó su primer artículo en alemán. Sin embargo, no sabía que la guerra estaba a punto de cambiar su vida por completo.

Severo y Carmen Ochoa dejaron España en 1936, cuando estalló la guerra civil. En esta fotografía de 1937, los nacionalistas, uno de los dos bandos que pelearon en la guerra, agitan banderas y rifles ante la cámara. Los nacionalistas tomaron el control de España en 1939.

Capítulo 4:
La sombra de la guerra

Cuando Ochoa regresó a España, la situación del país era muy
inestable. El viejo gobierno había caído y muchos discutían acerca
de qué tipo de gobierno debía reemplazarlo. El Dr. Negrín, profesor de
Ochoa, dejó la universidad para dedicarse a la política. Se convirtió en
una figura destacada de uno de los movimientos políticos españoles.

La llegada del amor

Ochoa regresó a Asturias para pasar el verano con su familia. Allí se
reencontró con una joven llamada Carmen Cobián, a quien había
conocido en la infancia. Los padres de Carmen habían sido buenos
amigos de los de Ochoa y sus respectivas hermanas también habían sido
amigas entre ellas. Cuando Ochoa volvió a ver a Carmen, descubrió a
una mujer interesante y bella que lo impresionó. Comenzaron a pasar
tiempo juntos y, poco después, Ochoa se dio cuenta de que se había
enamorado de ella. Decidieron casarse al año siguiente.

Sin embargo, Ochoa tuvo que regresar a Madrid para continuar con sus investigaciones y Carmen se quedó en Asturias con su familia. Sólo podían verse de vez en cuando. Ochoa trabajó todo el año en el laboratorio y, en julio de 1931, Carmen y Severo se casaron en Asturias. Pasaron una breve luna de miel recorriendo la costa en un automóvil nuevo de fabricación estadounidense. Después, fueron a Madrid para que Ochoa pudiera continuar con su trabajo.

La dedicación de Carmen

Carmen sabía que su esposo era una científico dedicado de lleno a su trabajo. También sabía que, al casarse con él, prometía seguirlo adonde fuera que lo llevara su trabajo. Aceptó la aventura de buena gana y, desde ese momento, nunca se separaron. Ella se convirtió en la persona más importante en la vida de él y fue una gran influencia en su profesión.

Poco tiempo después, Ochoa decidió que debía volver a partir de España para aprender de los científicos de otros países. Esta vez, decidió viajar a Inglaterra para trabajar con los científicos Harold Dudley y Sir Henry Dale. Así que Severo y Carmen se mudaron a las afueras de la ciudad de Londres, capital de Inglaterra.

Durante el tiempo en el que Ochoa trabajó en Inglaterra, el Dr. Dudley lo inició en el estudio de las **enzimas**. Las enzimas son sustancias del cuerpo que aceleran las reacciones químicas. Por ejemplo, controlan la digestión de los alimentos. Sin enzimas, el cuerpo no podría funcionar.

Dos años después, los Ochoa regresaron a Madrid para que Severo tomara un puesto de profesor en la Universidad de Madrid, donde él había estudiado. Se mudaron a una casa cerca de la universidad y Ochoa comenzó a repartir su tiempo entre la enseñanza y la investigación. Ahora estaba principalmente interesado en estudiar las enzimas y concentró su trabajo en ellas.

La guerra española

Aunque los Ochoa estaban felices de regresar a España, la situación política seguía empeorando. Finalmente, en 1936, estalló una guerra civil entre los nacionalistas y los republicanos, los dos bandos que luchaban por el control del país. Fue una época terrible para estar en España. Había enfrentamientos en Madrid y, a veces, cuando iba a su laboratorio, Ochoa veía muertos por las calles. Le preguntó a Carmen si le parecía conveniente abandonar el país y ella estuvo de acuerdo.

La huida de España

Afortunadamente, el ex profesor de Ochoa, el Dr. Negrín, que entonces estaba en el gobierno republicano, los ayudó a obtener el permiso para abandonar España. Pero todavía sería muy difícil salir del país. Hicieron las maletas y se prepararon para viajar. Ochoa se llevaba todas sus anotaciones y parte de sus instrumentos de laboratorio. Carmen escondió siete mil dólares, el dinero que le había dado su familia, en un cinto de cuero. Tenían la suerte de contar con el dinero suficiente para ir a un país más seguro.

La Guerra Civil Española 1936-1939

Una guerra civil es una guerra que se libra entre dos bandos del mismo país, como la guerra civil estadounidense, que enfrentó al bando del norte con el del sur entre 1861 y 1865.

En España, la inestabilidad que había a principios de la década de 1930 desató la Guerra Civil Española. Esta guerra duró de 1936 a 1939 y se libró entre los republicanos, que querían mantener una democracia liberal, y los nacionalistas, que querían formar una dictadura conservadora. Fue una guerra muy violenta que causó la muerte de un millón de personas.

La guerra terminó en 1939, cuando los nacionalistas tomaron el control del país. Su líder, el General Francisco Franco, comenzó una dictadura. Un **dictador** es un gobernante que no le da ningún poder al pueblo. Una dictadura es lo contrario de una democracia, en la que todos participan del gobierno del país. La dictadura de Franco duró casi 40 años. Durante todo este tiempo, España estuvo aislada del resto de los países europeos, que estaban en contra de este tipo de gobierno.

Severo y Carmen debían tomar un tren hasta Valencia y luego otro hasta Barcelona. Tenían documentos que los autorizaban a salir del país con rumbo a Francia, pero no sabían cómo iban a llegar hasta allí. En Barcelona, conocieron a muchas personas que también intentaban dejar el país, pero sin éxito.

Carmen fue quien los sacó del país. Cuando llegaron a las oficinas en las que se sellaban los pasaportes, los Ochoa se encontraron con una larga hilera de personas que estaban esperando. Carmen no se quedó en la hilera. Fue directamente hacia delante para hablar con los funcionarios. Era una mujer muy segura de sí misma y les mencionó a las personas importantes que conocían, como el Dr. Negrín. Los funcionarios sellaron los pasaportes de los Ochoa y les dijeron que, al día siguiente, zarpaba un barco hacia Francia. Tal vez podrían abordarlo.

Severo y Carmen fueron a abordar el barco, pero primero tuvieron que pasar por la aduana. La aduana es el lugar en el que revisan a las personas que entran y salen del país para asegurarse de que no lleven consigo nada que esté prohibido. Severo y Carmen estaban nerviosos. ¿Encontrarían los funcionarios el dinero que Carmen había escondido en el cinto? Fue un alivio que no lo encontraran. Pero revisaron las anotaciones de Ochoa, llenas de palabras científicas, y sospecharon que él estaba robando secretos del gobierno. Pero en ese momento, Ochoa vio que uno de los que trabajaban allí era un conocido suyo de Luarca. Su amigo explicó quiénes eran los Ochoa y los dejaron pasar.

Cuando Severo y Carmen llegaron al barco, encontraron que todavía quedaba lugar. ¡Por fin iban a poder irse! Ochoa nunca se había sentido tan aliviado como en ese momento. Tiempo después, escribió: "Jamás en la vida había sentido, y nunca volví a sentir, la sensación de libertad que tuve cuando pisé la cubierta del barco. En ese momento, me di cuenta de lo que es y lo que significa realmente la libertad".

Los Ochoa llegaron a Francia y tomaron un tren a París, donde conocieron a otros **intelectuales** españoles que también habían huido de España. Los intelectuales son personas importantes porque tienen ideas que conducen el pensamiento de un país. Los Ochoa estuvieron en París poco tiempo, mientras Severo trataba de comunicarse con el Dr. Meyerhof para preguntarle si podía ir a Alemania a trabajar de nuevo con él. Una vez que habló con él, el Dr. Meyerhof aceptó. Los amigos de los Ochoa les advirtieron que no fueran, pero Carmen creía que era muy importante que su esposo continuara con su trabajo, así que partieron hacia Alemania en 1936.

Sus amigos les habían advertido que no fueran a Alemania porque temían por su seguridad. Un nuevo gobierno, liderado por Adolf Hitler, había tomado el poder del país. Hitler y su partido Nazi estaban en contra de los extranjeros y de los judíos. Un judío es una persona que practica el judaísmo, una religión. Los nazis estaban formando una dictadura violenta. Muchos europeos temían que estuviera por comenzar una gran guerra.

Ésta es una fotografía de París tomada alrededor de la época en la que Severo y Carmen vivieron allí.

Ésta es una fotografía de Adolf Hitler en Nuremberg, Alemania, en 1938.

Cuando llegaron a Heidelberg, Severo y Carmen vieron que muchas personas se habían ido del laboratorio de Meyerhof y habían huido del país. El mismo Dr. Meyerhof estaba preocupado porque era judío y los nazis querían matar a todos los judíos o perseguirlos hasta que se fueran del país.

Para el gobierno alemán, era sospechoso que Severo y Carmen quisieran trabajar y vivir con judíos, así que les quitaron los pasaportes. Sin embargo, Ochoa comenzó sus investigaciones en el laboratorio y Carmen ocupaba su tiempo aprendiendo alemán para poder comunicarse con la familia con la que vivían. Pero ambos siempre estaban preocupados por lo que ocurría en su tierra natal, España, donde la guerra civil continuaba. También les preocupaba la situación de Alemania, que iba de mal en peor.

La partida de Alemania

El Dr. Meyerhof temía por su seguridad, pero también por la de Severo y Carmen. No sabía qué podría pasarles en Alemania. Les escribió a algunos científicos que conocía de Inglaterra y les pidió que hicieran los arreglos necesarios para que Ochoa pudiera trabajar allí. Recibió la respuesta que esperaba. Por lo tanto, a principios del verano, Meyerhof partió de Alemania con rumbo a Francia, y los Ochoa fueron a Inglaterra.

La Universidad de Oxford es una de las más respetadas del mundo. Éste es uno de los muchos edificios que forman parte de la universidad.

Capítulo 5:
Los estudios en Inglaterra y Estados Unidos

Severo y Carmen fueron a Plymouth, en Inglaterra, donde Severo continuó sus investigaciones en el Laboratorio de Biología Marina. Ochoa temía que Carmen se sintiera muy sola mientras él trabajaba, así que la convenció para que fuera a trabajar con él como ayudante de laboratorio. Al principio, ella dudó, pero finalmente aceptó. Carmen aprendió su trabajo tan rápido que Ochoa estaba sorprendido. Después de trabajar juntos unos meses, ¡llegaron a publicar un artículo firmado por ambos! A pesar de que el peligro de la guerra amenazaba a España y al resto de Europa, fueron tiempos felices para Severo y Carmen.

Hacia Oxford

Después de un año en Plymouth, Ochoa necesitaba encontrar otro trabajo. Quería quedarse en Inglaterra, así que se puso muy contento cuando vio un anuncio en el que se ofrecía un puesto en la Universidad de Oxford para trabajar con un científico llamado Rudolph Peters. Ochoa tomó un tren a Oxford y se entrevistó con Peters, quien le dijo que, lamentablemente, estaba buscando un científico con una especialidad diferente a la de Ochoa. Pero conversaron un rato y Ochoa le contó a Peters acerca de todos los estudios que había hecho con el Dr. Meyerhof. ¡Peters quedó tan impresionado que se ofreció a crear otro puesto especialmente para Ochoa! Era una oportunidad maravillosa.

Severo y Carmen se mudaron a Oxford, y él comenzó a trabajar allí. El Dr. Peters estaba estudiando la vitamina B1 y las funciones que cumple en el cuerpo. A Ochoa le resultó un tema muy interesante. Juntos, trabajaron mucho y publicaron una gran cantidad de artículos.

Los Ochoa se hicieron de muchos amigos entre los científicos de Oxford. También conocieron a muchos otros españoles que habían ido a Inglaterra para escapar de la guerra en su país. Los Ochoa vivieron en Oxford dos años y fueron muy felices en esos tiempos.

La Segunda Guerra Mundial

Sin embargo, una vez más, llegó la oscuridad de la guerra. Comenzó la Segunda Guerra Mundial. Inglaterra y otros países entraron en guerra contra Alemania, y los alemanes comenzaron a bombardear Inglaterra. A casi todos los científicos ingleses se les pidió que colaboraran en la guerra, pero no a Ochoa, porque era extranjero. Ochoa sabía que era peligroso quedarse en Inglaterra, así que le preguntó a Carmen qué opinaba acerca de irse a Estados Unidos. A ella le pareció la decisión

Segunda Guerra Mundial 1939–1945

La Segunda Guerra Mundial comenzó en 1939, cuando el ejército alemán atacó Polonia. Para cuando terminó la guerra, en 1945, habían participado en ella países de casi todas

partes del mundo. Se llama "segunda guerra mundial" porque ya se había librado una primera guerra mundial entre 1914 y 1918.

En la década de 1930, los gobernantes de Alemania, Italia y Japón eran dictadores militares. Querían aumentar el tamaño y poder de sus naciones a expensas de otros países. Pero muchos países, como Gran Bretaña, Francia, la Unión Soviética y Estados Unidos, se opusieron a ellos.

Estados Unidos entró en guerra en 1941, después de que los japoneses atacaran Pearl Harbor, en Hawai. La guerra terminó poco después de que Estados Unidos lanzara dos bombas atómicas sobre Japón, en 1945. Estas bombas causaron la peor destrucción que jamás se había visto.

En la guerra, murieron entre 35 y 60 millones de personas. Alrededor de seis millones de ellos eran judíos. El dictador alemán Adolf Hitler y su partido Nazi trataron de destruir a todo el pueblo judío.

más acertada para la carrera de Ochoa, así que hicieron planes para abandonar Europa.

Los Ochoa se fueron de Inglaterra en una caravana de barcos que cruzaron el océano Atlántico. Una caravana es un grupo de vehículos que viajan juntos por razones de seguridad. Cruzar el océano era peligroso porque podían atacarlos los aviones o los barcos alemanes, y también porque había **minas** en el agua.

Pero llegaron a Boston sanos y salvos, y luego fueron a Nueva York. De allí, navegaron a México, donde Luis, uno de los hermanos de Ochoa, se había escapado de la guerra en España. Antes de dejar Inglaterra, Ochoa se había comunicado con Carl y Gerty Cori, dos científicos que trabajaban en la Universidad de Washington, en Saint Louis, Missouri. Los Cori invitaron a los Ochoa a su laboratorio, pero Severo y Carmen debían esperar hasta conseguir los documentos que les permitieran quedarse en Estados Unidos por un largo período de tiempo.

De modo que fueron a México y esperaron varias semanas. Al final, llegaron los documentos, y los Ochoa partieron hacia Saint Louis. Cuando llegaron, los Cori les dieron una cálida bienvenida y los trataron como si fueran sus hijos. Ellos también habían abandonado Europa, hacía veinte años, y comprendían cómo se sentían Severo y Carmen. Entendían lo difícil que es dejar la tierra natal para mudarse a un lugar nuevo y desconocido; sobre todo, cuando uno se ve obligado a hacerlo por circunstancias terribles, como la guerra.

Carl y Gerty Cori

Carl Cori y Gerty Radnitz nacieron en Praga, en lo que hoy es la República Checa, en 1896. Estudiaron en la facultad de medicina en Praga, donde se conocieron. En 1920, ambos se recibieron de médicos y se casaron. En 1922, se fueron a Estados Unidos, donde vivieron el resto de sus vidas.

Los Cori trabajaban juntos, como un equipo, investigando los azúcares y almidones del cuerpo. Los azúcares y los almidones se conocen como **carbohidratos**. Son las sustancias del cuerpo que almacenan energía. En 1936, los Cori descubrieron algo muy importante sobre la manera en la que el cuerpo crea carbohidratos. Por este descubrimiento, ganaron el Premio Nobel en 1947.

Lamentablemente, Gerty murió en 1957. A partir de entonces, Carl tuvo que trabajar solo. Pero continuó los estudios que había comenzado con su esposa hasta su muerte, en 1984.

Los Ochoa alquilaron un pequeño apartamento amueblado cerca de la universidad. Un apartamento amueblado ya tiene muebles. Era justo lo que Carmen y Severo necesitaban, ya que habían tenido que dejar casi todas sus pertenencias en Inglaterra. Saint Louis les gustaba. Les parecía una ciudad muy interesante y moderna, llena de parques y atracciones culturales. Como a la mayoría de los europeos, a Severo y a Carmen les gustaba caminar, algo que a los estadounidenses les parecía raro. Ya en aquella época, ¡se iba a todas partes en automóvil!

Ochoa disfrutaba trabajar con los Cori. Se unió a su equipo de trabajo en la Universidad de Washington, y los ayudó en la investigación sobre las enzimas y sobre sus efectos en los carbohidratos. El trabajo era interesante y los Cori eran muy amables. Sin embargo, un día llegó una carta de un científico de Nueva York llamado Robert Goodhart. Ochoa se había hecho amigo de Goodhart en Oxford. Cuando Goodhart se enteró de que los Ochoa estaban en Estados Unidos, le escribió a Severo para pedirle que fuera a la Universidad de Nueva York y abriera un laboratorio propio.

Ochoa no sabía qué hacer. Los Cori lo trataban bien, pero él estaba trabajando en la investigación de ellos, no en una propia. Ésta era la oportunidad de estudiar exactamente lo que él quería. Le preguntó a Carmen qué debía hacer. Ella le dijo que ya era hora de que él fuera independiente. Durante muchos años, Ochoa había trabajado con grandes científicos de quienes pudo aprender. Pero ya era el momento de que trabajara por su cuenta e hiciera sus propios descubrimientos.

Después de dos años de trabajar con los Cori, Severo y Carmen se despidieron de ellos y se mudaron al este, a la ciudad de Nueva York. En la Facultad de Medicina de la Universidad de Nueva York, a Ochoa le dieron un laboratorio pequeño, donde comenzó su propio trabajo sobre las enzimas. Trabajaba mucho y publicó muchos artículos en la revista científica *Journal of Biological Chemistry*.

Sin embargo, un día, los directivos de la facultad decidieron darle ese espacio a un profesor nuevo que habían contratado, así que Ochoa se quedó sin su lugar de trabajo. Afortunadamente, uno de sus amigos, el Dr. Isidor Greenwald, le sugirió que se uniera a su laboratorio en el Departamento de Bioquímica, que también era parte de la Universidad de Nueva York. Esto le venía muy bien a Ochoa, y le dieron un cargo como profesor de bioquímica.

Ahora Ochoa era el encargado de un laboratorio pequeño. Por primera vez, tenía ayudantes. Se trataba de estudiantes jóvenes que querían aprender bioquímica de él, como él había aprendido del Dr. Juan Negrín veinte años antes. Uno de estos estudiantes era un joven muy brillante llamado Arthur Kornberg. En menos de quince años, Kornberg haría un descubrimiento muy importante.

Ochoa disfrutaba trabajar con estos estudiantes, que lo respetaban mucho. Les enseñó las cualidades más importantes de un científico: ser cuidadoso, paciente, riguroso y perseverante. La pasión de Ochoa por las ciencias impresionaba y contagiaba a sus estudiantes.

Ésta es una fotografía de Ochoa en su laboratorio de la Universidad de Nueva York, en 1955.

Capítulo 6:
El Premio Nobel

Severo y Carmen disfrutaban de la época más feliz de su vida. En 1946, Ochoa fue nombrado profesor titular de la universidad, un puesto muy alto. Esto hizo que la vida fuera más fácil para los Ochoa.

Ochoa se pasaba horas y horas en el laboratorio, y sus experimentos mostraban resultados muy interesantes. A la noche, cuando llegaba a casa, le contaba a Carmen todo lo que había hecho durante el día. Ella, a su vez, le contaba a él sobre su día. Conversaban sobre toda clase de cosas, desde la química hasta la literatura. Carmen era la mejor amiga de Severo. También les gustaba compartir actividades con sus amigos, en su mayoría científicos, e ir al teatro o a los conciertos. Llevaban una vida sencilla, pero muy feliz.

Así fue su vida durante muchos años. Ochoa seguía haciendo descubrimientos en su laboratorio sobre los procesos químicos del cuerpo. En 1954, lo nombraron jefe del Departamento de Bioquímica de la universidad. Se esforzó mucho para que ese departamento, que ahora estaba a su cargo, fuera el mejor. Y tuvo mucho éxito: los estudiantes aprendían muchísimo y los profesores continuaban realizando experimentos muy exitosos. Pronto se reconoció a su departamento como uno de los mejores departamentos de bioquímica del país.

La ciudadanía estadounidense

En 1956, pasaron dos cosas importantes. En primer lugar, Severo y Carmen consiguieron la ciudadanía estadounidense. O sea que se convirtieron oficialmente en ciudadanos estadounidenses y tenían ahora los mismos derechos que todos los demás en el país. Por ejemplo, ahora podían votar en las elecciones y viajar con un pasaporte estadounidense. Ambos se sentían muy agradecidos hacia Estados Unidos, el país que los recibió cuando estaban en necesidad. Ochoa creía que tenían el deber de reconocer todo lo que el país había hecho por ellos y por eso elegían ser ciudadanos estadounidenses.

Un descubrimiento en genética

Otra cosa que pasó ese año fue más importante que lo que pareció en un principio. Uno de los experimentos de Ochoa sobre las enzimas tuvo un resultado inesperado. El descubrimiento resultó ser muy importante en un campo de las ciencias llamado **genética**. La genética es el estudio de las propiedades de diferentes animales y plantas, y de cómo esas propiedades pasan de una generación a otra. Por ejemplo, si tus padres tienen cabello rubio, es probable que tú también tengas cabello rubio, pero si ninguno de tus padres es rubio, es improbable que tú lo seas. De eso se trata el estudio de la genética.

Antes de la década de 1950, los científicos habían descubierto que las sustancias llamadas **ADN** y **ARN**, que se encuentran en las células, contenían el secreto del diseño de los seres vivos. Estos "ácidos nucleicos" le dicen al organismo cómo crear **proteínas**, que son el material principal de todos los seres vivos. El ADN humano contiene instrucciones para crear seres humanos, el ADN del mono contiene instrucciones para crear monos, el ADN de la margarita contiene información para crear margaritas y así sucesivamente. Pero nadie comprendía en ese entonces cómo funcionaban el ADN y el ARN.

Ochoa descubrió una enzima, que se encuentra en las bacterias, a la que le dio el largo nombre de "polinucleótido fosforilasa" (parece un trabalenguas, ¿no?). Mientras trataba de comprender qué hacía esa enzima, Ochoa descubrió que su función era destruir el ARN. Pero también descubrió que era posible revertir este proceso y usar la enzima para producir ARN. Esto significaba que se podía experimentar con la creación de proteínas y así descubrir cómo funcionan el ADN y el ARN.

Ochoa se dio cuenta que podía tratarse de un descubrimiento importante, así que se lo contó a otros científicos de inmediato. Pronto corrió la noticia de que alguien sabía cómo crear proteínas. Esto significaba que los científicos serían capaces de comprender mejor cómo funciona nuestro cuerpo y que, algún día, podrían ser capaces de usar esos conocimientos para tratar enfermedades. En poco tiempo, Ochoa se hizo famoso por su descubrimiento.

El reconocimiento más importante

Ochoa no hacía alardes respecto de su descubrimiento y decía que no era seguro que ese descubrimiento produjera un impacto importante. No dejó que la fama se le subiera a la cabeza o que interfiriera en su trabajo. Sencillamente, continuó trabajando en su laboratorio, aunque reservaba tiempo para asistir a las muchas conferencias a las que lo invitaban.

Luego, un día de 1959, tres años después, Ochoa llegó a su oficina y la encontró llena de reporteros de los periódicos y de la televisión. Corría el rumor de que iba a ganar el Premio Nobel de Medicina, ¡el reconocimiento más importante del mundo para un biólogo! Ochoa no podía creerlo. Luego llegó un mensaje: un telegrama desde Suecia. Era del comité de los premios Nobel y le informaba que, en efecto, ¡había ganado el Premio Nobel por su descubrimiento acerca del ARN! Se trata de uno de los reconocimientos más importantes que puede recibir un científico.

Ochoa y sus ayudantes brindaron con champán mientras los periodistas les tomaban fotografías. Pero la persona con la que Ochoa más quería compartir esta noticia era, desde luego, con Carmen. Corrió hasta el automóvil y condujo a toda velocidad hacia su casa. Pero iba demasiado rápido, ¡así que lo detuvo un policía! El policía le preguntó por qué conducía tan rápido. Ochoa se disculpó y le contó que estaba apurado porque acababa de ganar el Premio Nobel. El policía, asombrado, lo dejó seguir su camino.

Ochoa y sus estudiantes festejan la noticia de que Ochoa había ganado el Premio Nobel de Medicina.

Después de la noticia, durante muchas semanas, Severo y Carmen recibieron una inmensa cantidad de cartas, llamadas telefónicas y visitas de amigos de todo el mundo. Todos querían felicitar a Ochoa por su éxito y decirle lo orgullosos que se sentían de él. En Luarca, cuando se supo la noticia, se declaró día feriado y se suspendieron las clases.

El Premio Nobel de Fisiología o Medicina, como se llama, fue entregado a Ochoa y a Arthur Kornberg, su ex estudiante, que había hecho un descubrimiento sobre el ADN después de dejar el laboratorio de Ochoa. Ambos descubrimientos representaron un gran avance en la comprensión de la genética.

El viaje a Estocolmo

Unas semanas después, Severo y Carmen se encontraban en un avión con rumbo a Estocolmo, la capital de Suecia. El mismísimo rey de Suecia es el encargado de entregar los Premios Nobel en Estocolmo. Cuando llegaron, los Ochoa vieron que la ciudad era muy bonita; estaba cubierta de nieve, y llena de luces y adornos navideños. Además, estaba repleta de periodistas de todo el mundo, que habían ido para escribir sobre la ceremonia. También estaban los ganadores de los otros premios: el Premio Nobel de Física, el de Química y el de Literatura. Pero lo que más sorprendió a Ochoa fue la gran cantidad de personas que habían viajado desde España para verlo recibir el premio. ¡Hasta el alcalde de Luarca estaba allí!

La ceremonia de entrega tuvo lugar en el *Concert Hall* de Estocolmo. Cientos de personas se reunieron en el lugar. Los hombres vestían esmoquin y las mujeres lucían vestidos preciosos. Había muchos intelectuales que habían ganado el Premio Nobel en los años anteriores. Poco antes de la ceremonia, se hizo un silencio y entonces entraron los reyes de Suecia. Uno por uno, se llamó a los ganadores. Ochoa oyó que se leía un discurso sobre sus logros, y luego el Rey le entregó una medalla de oro y el premio.

Después de la ceremonia, se organizó una gran cena en el municipio de la ciudad para los ganadores, sus amigos y sus familiares. Ochoa se sentó entre la reina y su hija, la princesa. Todos dieron un discurso. Cuando le llegó el turno, Ochoa agradeció el premio y dijo:

"Sin duda, éste es un gran desafío. Intentaré afrontarlo con mayor esfuerzo y dedicación, ya que el Premio Nobel no es el final de un camino, sino el principio de uno nuevo, que tal vez sea más arduo".

Ochoa había pasado la primera mitad de su carrera aprendiendo de grandes científicos. Muchos de ellos habían ganado el Premio Nobel: Santiago Ramón y Cajal, Otto Meyerhof, Rudolph Peters, y Carl y Gerty Cori. Ochoa apenas podía creer que ahora sus logros estuvieran a la altura de los de estas personas. ¡Se había convertido en un gran científico!

El momento más feliz

De vuelta en la habitación del hotel, después de la ceremonia, Severo y Carmen conversaron sobre el premio. Para Carmen, era el reconocimiento por todo el esfuerzo de Ochoa en el laboratorio. Ochoa decía que también era un premio para Carmen, por todos sus sacrificios: había abandonado España para seguirlo y había dedicado toda su vida para ayudarlo a alcanzar el éxito. Ahora no podía haber ninguna duda de que valía la pena. Ambos estuvieron de acuerdo en que éste era el momento más feliz de sus vidas.

Esta fotografía de Severo y Carmen se tomó en una recepción realizada antes de la ceremonia de entrega del Premio Nobel en 1959.

Capítulo 7:
Una celebración y una pérdida

Los Ochoa volvieron a Nueva York y Severo continuó con su trabajo. Ahora era un científico famoso y se dedicaba a sus investigaciones más que nunca.

A lo largo de los años, publicó muchos artículos más sobre sus descubrimientos, y recibió más premios y reconocimientos. El mayor reconocimiento llegó casi veinte años después del Premio Nobel. El gobierno de Madrid anunció planes para la creación de un nuevo centro para estudiar biología: el Centro de Biología Molecular Severo Ochoa. Le ofreció a Severo la posibilidad de volver a España para trabajar allí.

El regreso a España

Ochoa lo pensó durante unos años, mientras construían el instituto. Hizo muchos viajes a España, donde empezó a trabajar con investigadores médicos. Al final, en 1985, cuando Ochoa tenía 80 años, él y Carmen decidieron volver a España. Carmen siempre había extrañado su querida tierra natal. Se habían ido del país hacía 50 años y habían pensado que jamás volverían a vivir allí. Pero ahora decidieron que ya era tiempo de regresar al hogar.

Ochoa regresó a España como un héroe. Le entregaron el Premio Ramón y Cajal, el mayor reconocimiento español a la medicina. Junto con Carmen, se mudó a Madrid, donde habían vivido hacía 50 años. Habían sido felices en Estados Unidos, un país al que amaban, pero estaban entusiasmados al poder volver a España después de tanto tiempo.

La tragedia

Pero, de repente, ocurrió una tragedia. Un día, pocos meses después del regreso a España, Carmen dijo que no se sentía bien. Fueron a ver a un médico, que les dijo que Carmen tenía algunos problemas de corazón, pero que no eran graves. Pocos días después, Ochoa estaba en la cocina cuando oyó que Carmen lo llamaba desde el dormitorio. Corrió hasta el cuarto y la encontró tendida en la cama. Ella había muerto.

Ochoa vivió siete años más, pero, sin Carmen, se sentía perdido. Ella había sido una parte fundamental de su vida y de su trabajo. Ochoa estaba terriblemente desconsolado. Decidió abandonar su trabajo por completo. Según dijo: "Mi vida sin Carmen no es vida en absoluto". Ella significaba para él más que todos sus logros como científico.

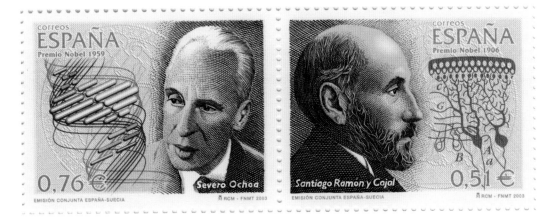

Estas estampillas forman parte de una edición especial que se emitió en el año 2003 en honor a los ganadores del Premio Nobel del pasado, como Severo Ochoa y Santiago Ramón y Cajal.

El legado de Ochoa

A Severo Ochoa hoy se lo recuerda como uno de los grandes científicos del siglo XX. Fue uno de los fundadores de la bioquímica y un líder en investigación genética. Le demostró al mundo lo que puede lograr alguien que ama las ciencias y que se dedica a trabajar con esfuerzo.

En sus propias palabras

Severo Ochoa les aconsejaba a los estudiantes jóvenes:

"Si sienten pasión por las ciencias, conviértanse en científicos. No se preocupen por lo que les pueda pasar. Si trabajan con esfuerzo y entusiasmo, las ciencias llenarán sus vidas".

Glosario

ADN y ARN sustancias que se encuentran en el cuerpo y que contienen las instrucciones para el diseño de diferentes plantas y animales; la genética estudia el ADN y el ARN

biología estudio de los seres vivos, como los seres humanos, los animales y las plantas

biología experimental estudio de cómo funciona el cuerpo; se hace mediante experimentos en laboratorios

biólogo persona que estudia biología

bioquímica estudio de la química de los seres vivos y, en particular, de las estructuras muy pequeñas del organismo llamadas células

carbohidratos azúcares y almidones: las sustancias del cuerpo que almacenan energía

conferencia reunión numerosa de personas que estudian lo mismo, de modo que pueden hacer presentaciones e intercambiar información entre sí sobre sus descubrimientos

determinación tener un objetivo y luchar para alcanzarlo

dictador gobernante que no le da ningún poder al pueblo; este tipo de gobierno se llama dictadura

enzima sustancia del cuerpo que acelera las reacciones químicas, como la digestión de los alimentos

física estudio de los objetos físicos y de la manera en la que la energía los mueve

genética estudio de las similitudes y las diferencias en la reproducción de los seres vivos y las plantas; este campo de las ciencias estudia de qué manera las diminutas unidades llamadas genes transmiten información de generación en generación

intelectual persona que es importante porque tiene ideas que conducen el pensamiento de un país

investigador médico tipo de médico que hace experimentos en laboratorios

médico doctor en medicina que trata a pacientes

minas aparatos que causan explosiones

proteínas componentes básicos y materiales principales de todos los seres vivos

química estudio de las sustancias químicas y de los cambios que ocurren cuando se combinan unas con otras

título certificado que una universidad le entrega a un estudiante cuando éste completa sus estudios

Cronología

1905	Severo Ochoa nace en Luarca, España, el 24 de septiembre.
1912	Muere su padre y la familia se muda a Málaga, en el sur de España.
1921	Ochoa termina la preparatoria y decide estudiar medicina en la Universidad de Madrid para ser investigador médico.
1927	Trabaja en Escocia con el Dr. Noel Paton; escribe su primer artículo para publicarlo en una revista científica.
1929	Viaja a Alemania para trabajar con el Dr. Otto Meyerhof; va por primera vez a Estados Unidos; se recibe de médico.
1930	Se reencuentra con Carmen Cobián en España; se casan en 1931.
1932	Trabaja dos años en Inglaterra con los científicos Harold Dudley y Sir Henry Dale.
1934	Regresa a España para trabajar en la Universidad de Madrid.
1936	Comienza la Guerra Civil Española. Los Ochoa escapan a Francia, y luego a Alemania; vuelven al laboratorio del Dr. Meyerhof.
1937	Los Ochoa van a Inglaterra para escapar de los nazis.
1940	Los Ochoa van a Estados Unidos para escapar de la Segunda Guerra Mundial; Severo trabaja con Carl y Gerty Cori en Saint Louis.
1942	Los Ochoa se mudan a Nueva York; Severo trabaja en la Universidad de Nueva York.
1956	Los Ochoa consiguen la ciudadanía estadounidense.
1959	Severo Ochoa recibe el Premio Nobel de Medicina.
1985	Los Ochoa regresan a España.
1986	Muere Carmen Ochoa.
1993	Muere Severo Ochoa.

Información adicional

Lecturas sugeridas

(Estas lecturas están disponibles sólo en inglés).

Allan, Tony. *Understanding DNA: A Breakthrough in Medicine.* Chicago: Heinemann Library, 2002.

Baldwin, Joyce. *DNA Pioneer: James Watson and the Double Helix.* New York: Walker & Company, 1994.

Hunter, Shaun. *Leaders in Medicine*. New York: Crabtree Publishing Company, 1999.

St. John, Jetty. *Hispanic Scientists*. Bloomington, MN: Capstone Press, 1996.

Direcciones

Centro de Biología Molecular de ARN de la UCSC
420 Sinsheimer Labs, UCSC
Santa Cruz, CA 95064

Sociedad de Ingenieros y Científicos Mexicano-Americanos
MAES, Inc.
711 W. Bay Area Blvd., Suite #206
Webster, TX 77598-4051

Índice

ADN 51
Alemania 26–27, 29, 36, 38–39, 43
Andalucía 8, 11
ARN 51
Asturias 8, 9, 31

biología 12–13
biología experimental 17
bioquímica 6, 25, 47

carbohidratos 45, 46
Cobián, Carmen 31–32, 35, 58
Cori, Carl y Gerty 44–46, 55

Dale, Sir Henry 32
dictadura 35, 36, 43
Dudley, Harold 32

enzimas 32–33, 46, 51
Escocia 22–23, 24
España 8, 9, 21, 30, 33, 57–58
Estados Unidos 25, 26, 27–28, 43, 44, 50
Estocolmo 7, 54–55

Francia 22, 36–37

genética 50–51
Goodhart, Robert 46
Greenwald, Isidor 47
Guerra Civil Española 6, 30, 33–35

Inglaterra 32, 39–42, 43

Kornberg, Arthur 47, 53

Laboratorio de Biología Marina de Plymouth 41
Luarca 8, 9, 19, 35, 53, 54

Madrid 8, 15, 32–33, 57–58
Málaga 10–12
medicina 13
México 44
Meyerhof, Otto, Dr. 25–27, 29, 36, 39, 55
músculo 22, 26

Negrín, Juan, Dr. 21, 31, 33, 35

Paton, Noel, Dr. 22–23
Peters, Rudolph, Dr. 42, 55
Premio Nobel 5, 6, 7, 26, 52–56
proteína 51

química 12

Ramón y Cajal, Santiago, Dr. 14–16, 55, 58–59

Saint Louis 44, 46
Segunda Guerra Mundial 6, 42–43

Universidad de Madrid 15, 33
Universidad de Nueva York 20, 46–50
Universidad de Oxford 40–42
Universidad de Washington 44, 46